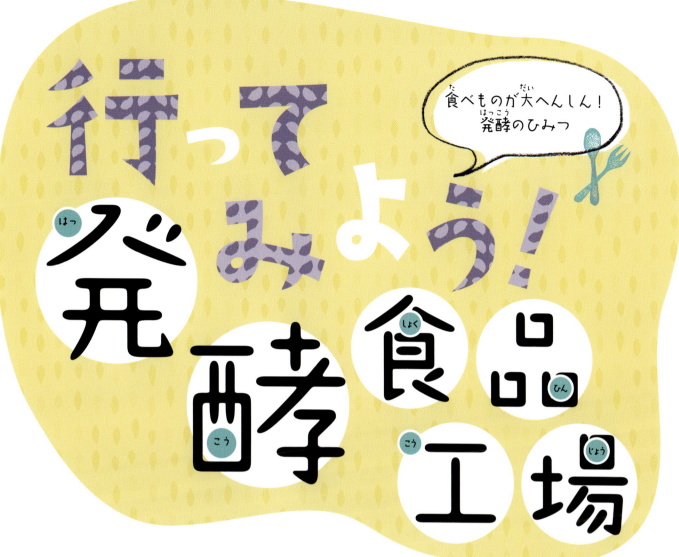

行ってみよう！発酵食品工場

食べものが大へんしん！
発酵のひみつ

小泉 武夫 監修
中居 惠子 著

ほるぷ出版

はじめに

みなさんはスーパーマーケットやコンビニエンスストアなどに買い物に行きますか？　店内にはみそ、しょうゆ、ヨーグルト、チーズなどさまざまな発酵食品があるでしょう。そうしたことからも、いかに発酵食品がわたしたちの食生活に身近であるのかを知ることができます。つまり、発酵食品は毎日の生活のうえで、かくことのできないものなのです。

それでは、こんなに大切な食べものである発酵食品は、どんなところで、どのようにつくられているのでしょうか？　この『行ってみよう！　発酵食品工場』を読むと、現場の工場では、さまざまな人たちが力を合わせ、微生物の力を最大限生かして、おいしい発酵食品をつくっていることがわかります。その発酵食品が、今、みなさんの食卓にならんでいるのです。

目に見ることのできない小さな生きものである微生物が、こんなにもおいしい食べものをつくっていることに気づくとき、きっと君も発酵微生物たちの持つ力はすごいなあ、と思うはずです。

発酵研究家　小泉武夫

発酵食品をつくる微生物

わたしたちのまわりには「微生物」という目に見えない小さな生きものがいます。この微生物の中には、食べものをおいしくへんしんさせる「発酵」というはたらきにかかわるものがいます。

発酵にかかわる微生物は大きくわけて、「菌」「カビ」「酵母」の3種類です。それぞれがつくりだすおもな発酵食品を紹介してもらいましょう。

微生物の自己紹介

キンちゃん
ぼくは菌のひとつ、乳酸菌のキンちゃん。
チーズをつくるときなどにかつやくしているよ。
納豆をつくるときにはたらく、
納豆菌も、ぼくら菌のなかまなんだ。

カービー
わたしはカビのなかま、コウジカビのカービー。
しょうゆやみそなどをつくるときに
かつやくしているわ。
かつおぶしをつくるカツオブシカビは
わたしのなかまよ。

コーボ
おいらはコーボ。
酵母とよばれる微生物のなかまで、
ビールやワインをつくるんだ。
パンづくりでも大かつやくさ！

食べものが大へんしん！ 発酵のひみつ
行ってみよう！ 発酵食品工場

みんなー！
これからたくさんの
発酵食品工場を紹介するよ！

はじめに	2
発酵食品をつくる微生物	3
スーパーマーケットにならぶ発酵食品	6
材料や仕こみでかわるみその味	8
地域ごとにちがうみそ	10
見学しよう！ みそ工場	12
しょうゆは万能調味料	16
見学しよう！ しょうゆ工場	18
ねばねば納豆のひみつ	22
見学しよう！ 納豆工場	24

発酵の世界が広がるオドロキの情報がいっぱい！

世界一かたい食べもの？ かつおぶし ……………………… 28
見学しよう！ かつおぶし工場 ……………………… 30

こんなにちがう！ チーズの味 ……………………… 34
見学しよう！ チーズ工房 ……………………… 36

料理に大かつやく！ 日本酒・酢 ……………………… 40

大人の飲みもの、ワインとビール ……………………… 42

昔の知恵とおいしさがつまった発酵食品 ……………………… 44

さくいん ……………………… 46

読みおえたらきっと発酵食品を食べたくなっちゃうわよ！

※本書に掲載されている工場の情報は2016年11月現在のものです。

スーパーマーケットにならぶ発酵食品

スーパーマーケットには、どんな発酵食品があるの？

　みなさんはおうちの人といっしょに、スーパーマーケットへ買い物に行くことはありますか？店内には、たくさんの食品がありますが、その中に発酵食品はいくつあるでしょう。じつは、写真の商品はすべて発酵食品です。この巻では、みそやしょうゆ、納豆、チーズなどわたしたちが毎日のように食べている発酵食品がつくられる工場を見学し、発酵食品ができるまでを紹介します。

材料や仕こみでかわる みその味

大豆がみそに大へんしん

みなさんは、みそにはたくさんの種類があることを知っていますか。みそは、材料やつくりかたによって味や色、かおりが少しずつちがってきます。

みそは、大豆にこうじと塩をまぜてつけこんでつくります。これを「みそを仕こむ」といい、仕こみのあいだに、大豆がこうじの発酵パワーでへんしんして、みそができます。

みその種類は使うこうじのちがいによって、「米みそ」「麦みそ」「豆みそ」にわけられます。「米みそ」は米こうじ、「麦みそ」は麦こうじ、「豆みそ」は豆こうじを使ってつくります。

発酵deへんしん！

大豆　塩　＋　こうじ（米、麦、豆＋コウジカビ）　→　みそ

※みその発酵には乳酸菌や酵母も関係しています。

わたしのはたらきで、さまざまなみそができるのよ。

みその種類

米みそ　　麦みそ　　豆みそ

仕こむ時間で色がかわる

　みその仕こみには、長い時間がかかります。大きなおけに、蒸してつぶした大豆を入れ、こうじをまぜ、その上におもしをのせます。そして、おけの中で大豆が少しずつへんしんするのをまつのです。このまつ時間を「熟成期間」といいます。熟成というのは時間をかけて味やかおりができあがっていくことです。長く時間をかけるほど発酵がすすみ、できあがったみその色は赤みがかったこい茶色になります。

　また、みそは、色によって「白みそ」、「淡色みそ」、「赤みそ」ともよばれます。長く仕こむほど、うまみやかおりが強いみそになります。

色によるみその種類

白みそ
色はクリーム色で、熟成期間が短く、あまいみそが多い。

淡色みそ
白みそより色がこく、黄色っぽい。から口のみそが多い。

赤みそ
赤い色のこいみそ。うまみやかおりが強いみそが多い。

\知りたい!/ 発酵まめちしき

みそ汁

みそ汁はいつから?

　みそは、平安時代から食べられていました。今のように料理に使うのではなく、そのままなめたり、食材につけて食べていました。そのころは、地位の高い人たちの食べもので、一般の人びとには貴重なものでした。

　みそがみそ汁として食べられるようになったのは、鎌倉時代のことです。このころ、中国からつたわったすりばちでみそをすると、かんたんにお湯にとけることがわかり、現在の和食にはかかせないみそ汁がたん生しました。

地域ごとにちがうみそ

全国各地のいろいろなみそ

日本では、古くからみそづくりが行われていて、今でも地域の食文化とともに大切に受けつがれています。

米みそは、広い地域で食べられ、信州みそなど全国で売られているものもあります。また、関西の雑煮にかかせない関西白みそのように、郷土料理に使われる地域色のこいみそもあります。

麦みそは、九州や瀬戸内海の沿岸で多く食べられています。また、豆みそは、三河みそ、三州みそともよばれている東海豆みそ（八丁みそ）が有名です。三河、三州とは愛知県の東部をさす古い地名です。

（みそ健康づくり委員会HPより「各地のみそ」を参考に作成）

アジアのみそのなかまたち

みそは古代中国でつくられていた「ひしお」という食べものが、7世紀ごろに日本につたわり、そこから生まれたといわれています。そのため、アジアには、日本のみそのなかまといえるような調味料がいろいろあります。中国にはマーボーどうふなどの中華料理に使う、トウバンジャンというからい調味料があります。これはそら豆に塩ととうがらしをくわえて発酵させてつくります。

韓国生まれのコチュジャンは、やき肉やビビンバを食べるときに使う調味料で、もち米でつくったこうじにトウガラシと大豆や小麦をまぜて発酵させてつくる、みそのなかまです。

みそのなかま

トウバンジャン
中華料理に使われるからいみそ。

コチュジャン
韓国料理に使われるあまからいみそ。

\知りたい!/ 発酵まめちしき

みそと戦国大名

みそは戦国時代には保存食として大切にされてきました。敵にかこまれて、城にたてこもることになれば、栄養がゆたかで、長く保存することができるみそは大事な食料になります。そのため、戦国大名はみそづくりをすすんで行わせました。武田信玄がつくらせた信州みそ、伊達政宗の仙台みそなどは今でもその地域で親しまれています。

武田信玄

伊達政宗

見学しよう！
みそ工場
（まるや八丁味噌）

みそができるまで

P.10で紹介した東海豆みそだよ。

1 大豆を水につける

原料の大豆

原料の大豆をあらったあと、水につける。

寒い季節に仕こむと、悪い菌のはんしょくをおさえておいしいみそができるんだ。

2 大豆を蒸す

大豆を蒸す。蒸しあがった大豆は赤茶色になる。

3 にぎり

蒸しあがった大豆をにぎりこぶしほどの大きさに丸め、みそ玉とよばれるかたまりにする。

4 コウジカビをまぶす

みそ玉にコウジカビをまぶしてむろ*に入れる。

いよいよ、わたしの登場よ。

5 豆こうじができる

みそ玉にコウジカビが生えて、まわりが白っぽくなると豆こうじのできあがり。

豆こうじは4日かけてつくる。そのあいだ、むろの温度は30〜35度で調整するんだ。

6 仕こむ

豆こうじと塩、水をまぜて木のおけに仕こむ。

職人さんがおけの中に入ってみそをふみかため、よぶんな空気をぬいているよ。

＊むろ：物をつくったり、保存するために外気をふせぐようにつくった部屋

7 石をつみあげる

円すい状におもしの石をつみあげて、みそを発酵・熟成させる。定期的に蔵の中のかおりや、おけや石の状態を点検して、できあがるまで2年まつ。

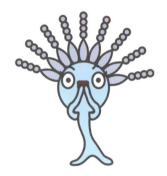

円すい状にすることで、みそ全体に同じように圧力がかかるんだって。

❓ おいしいみそをつくるひけつは何ですか？

みそ工場ではたらく
染次一郎さん

　ひとつはよい豆こうじをつくることです。水分が多くても少なくてもいけません。季節やその日の温度などによって、こうじのできはちがってきますが、長年の経験からきずきあげた方法でよい豆こうじをつくりあげます。
　もうひとつは石づみです。2年以上のあいだ、みそに圧力が等しくかかるようにつみあげます。
　そして最後は自然の力です。こうじの力でじっくり時間をかけて、ゆっくりみそを熟成させることでおいしくなります。

8 みそをほりだす

できあがったみそをほりだして出荷の準備。

9 完成

おいしい豆みそのできあがり！

保存のポイント！

みそは、空気にふれると色や味がかわってしまいます。家庭では、ラップなどでぴったりとおおって、冷蔵庫に入れて保存しましょう。

見学情報

まるや八丁味噌

[住　　所] 〒444-0923　愛知県岡崎市八帖町往還通52
[電話番号] 0564-22-0678
[見学時間] 9:00～16:20（12:00～13:00は昼休み）
[料　　金] 無料
[申しこみ方法] 電話またはメール（maruya02@8miso.co.jp）にて予約
URL: http://www.8miso.co.jp/kojo.html

昔ながらのみそ蔵を見せてもらえるよ。

しょうゆは万能調味料

和食にかかせないしょうゆ

　しょうゆは日本中の家庭でほとんど毎日のように使われている調味料です。まろやかな味と複雑なかおりがあるしょうゆは、和食にかかせません。
　また、洋食や中華料理など、あらゆる料理で味をひきたててくれるため、海外ではソイソースとよばれ多くの国へ輸出されています。

しょうゆを使った料理

肉じゃが
味つけにしょうゆはかかせない。

すぶた
あまからい味がとくちょうの中華料理。トロッとしたあんの味つけにしょうゆが使われている。

カレーライス
かくし味にしょうゆを入れるとまろやかな味になる。

かくし味とは料理の味をひきたてるために、調味料などを少しくわえることよ！

しょうゆの種類は5つ

　しょうゆは、大豆と小麦でつくったこうじに、塩と水をくわえて仕こみます。こうじをつくるときは、蒸した大豆と、いってくだいた小麦に、コウジカビを植えつけます。このときに使う大豆や小麦、塩の量により、できあがるしょうゆの味や色がかわってきます。このちがいによって、しょうゆはおもに5種類にわけられます。

　また、日本各地にしょうゆをつくる蔵元があり、地元の食文化に合わせたしょうゆをつくっているところもたくさんあります。

発酵deへんしん！

大豆　塩　小麦　＋　コウジカビ　乳酸菌　酵母　→　しょうゆ

しょうゆの種類

こい口しょうゆ
もっとも一般的なしょうゆ。原料の大豆と小麦をほぼ同量でつくる。かおりやうまみが強く、魚料理やそばのつゆ、すしに合う。

白しょうゆ
大豆をほとんど使わず、蒸した小麦を使ってつくる。うす口しょうゆよりも色がうすく、あまみが強い。すいものや茶わん蒸しなどに使われることが多い。

うす口しょうゆ
こい口しょうゆより塩を多く使ってつくる。色がうすいので、料理に使う食材の色や持ち味が生きる。

たまりしょうゆ
小麦をほとんど使わず、おもに蒸した大豆を使ってつくる。とろみがあって、濃厚な味がある。

再しこみしょうゆ
塩と水のかわりにしょうゆを使って大豆と小麦を仕こむ。うまみが強く、かんろしょうゆともよばれる。

見学しよう！ しょうゆ工場 （キッコーマン食品野田工場）

しょうゆができるまで

1 原料をえらぶ

しょうゆづくりにふさわしい大豆、小麦、塩、そしてコウジカビをえらぶ。

大豆

小麦

塩

コウジカビ

> しょうゆづくりでいちばん大切なはたらきをするよ。

2 しょうゆこうじをつくる

蒸した大豆といってくだいた小麦をまぜたものにコウジカビをくわえる。これを製麹室という部屋に3日間入れてしょうゆこうじを育てる。

> コウジカビをふやすために、製麹室の中は蒸し暑くたもたれているんだ。

しょうゆこうじ

3 仕こみ

しょうゆこうじに塩水をまぜあわせて「もろみ」をつくり、これをタンクの中で発酵・熟成させる。

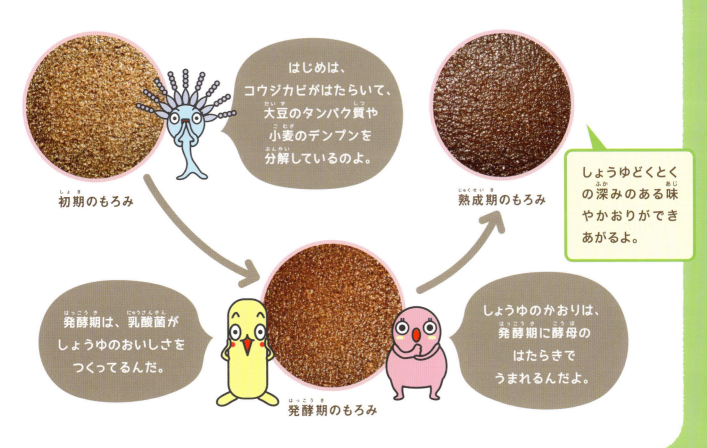

初期のもろみ

はじめは、コウジカビがはたらいて、大豆のタンパク質や小麦のデンプンを分解しているのよ。

発酵期は、乳酸菌がしょうゆのおいしさをつくってるんだ。

発酵期のもろみ

しょうゆのかおりは、発酵期に酵母のはたらきでうまれるんだよ。

熟成期のもろみ

しょうゆどくとくの深みのある味やかおりができあがるよ。

4 もろみをしぼる

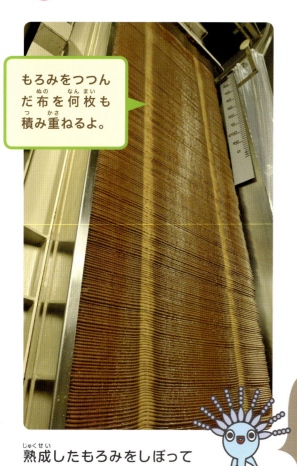

もろみをつつんだ布を何枚も積み重ねるよ。

熟成したもろみをしぼって生しょうゆをつくる。

こうすると、もろみの重さでしょうゆがにじみでてくるんだって。

5 火入れ

熱をくわえて殺菌する。

火入れには、色や味、かおりを整えるという目的もあるんだ。

？ おいしいしょうゆをつくるひけつは何ですか？

もの知りしょうゆ館館長
長島宏行さん

昔からしょうゆづくりに大切なことは「一こうじ、二かい、三火入れ」といわれています。よいしょうゆをつくるには、まず、よいしょうゆこうじをつくることが大事です。「二かい」の「かい」とは、もろみをかきまぜるときに使っていたかいぼうという長いぼうのことで、もろみの管理を指します。「火入れ」は、最後に色・味・かおりを整える大切な工程です。
今も昔も、おいしいしょうゆをつくるポイントは同じです。

6 製品化

容器につめて出荷。
1日に30万本もの
しょうゆができる。

7 完成

おいしいしょうゆの
できあがり！

保存のポイント！

しょうゆはふたを開けたら
冷蔵庫で保存しましょう。
また、空気にふれると、
色がかわり味が落ちるので、
ふたをしっかりしめて
おきましょう。

見学情報

キッコーマンもの知りしょうゆ館（野田工場）

[住　　所] 〒278-0037　千葉県野田市野田110　キッコーマン食品野田工場内
[電話番号] 04-7123-5136
[見学時間] 9:00～16:00（見学受付は15:30まで）
[料　　金] 無料
[申しこみ方法] 電話予約
URL: https://www.kikkoman.co.jp/enjoys/factory/noda/

しょうゆについて
楽しく学べる
体験コーナーも
あるよ。

ねばねば納豆のひみつ

大豆が納豆に大へんしん

健康によい食品として知られている納豆は大豆からつくられます。

大豆を納豆にへんしんさせるには、まず、やわらかく煮た大豆に納豆菌という微生物をつけます。すると、納豆菌がはたらいて発酵がおこり、ねばねばをつくりだして、大豆は納豆に大へんしんします。このねばねばには、わたしたちのからだをつくる栄養素であるアミノ酸がたくさんふくまれています。

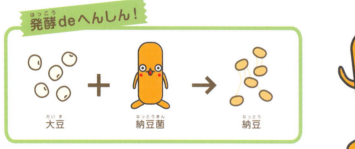

発酵deへんしん！

大豆　＋　納豆菌　→　納豆

納豆づくりでは、ぼく、納豆菌がかつやくするよ。

いなわら納豆

納豆菌は高温に強く、いなわらを熱湯消毒しても死なないんだよ！
1本のいなわらに1000万この納豆菌がいるといわれているよ！

昔ながらの方法で、いなわらにつつんで発酵させた納豆。やわらかく煮た大豆をいなわらにつつむと、いなわらについている納豆菌のはたらきで納豆ができる。

いろいろな納豆

ひとくちに納豆といっても、豆の大きさや種類などによっていろいろなものがあります。

豆の大きさにより、できあがった納豆の味やねばり、歯ごたえにもちがいがうまれます。こまかくくだいた大豆を使ってつくるひきわり納豆もあります。

また、材料の大豆には、皮の色が黄色っぽい大豆（黄大豆）を使うのが一般的ですが、黒豆（黒大豆）を使った納豆などもあります。

大豆のサイズによる納豆のちがい

大つぶ納豆

小つぶ納豆

ひきわり納豆

40年ほど前までは大つぶ納豆が多く生産されていたが、現在はごはんとまぜやすい、小つぶ、極小つぶとよばれる小さな豆の納豆が人気。

大豆の種類による納豆のちがい

黄大豆を使った納豆

黒豆を使った納豆

青大豆

きなこや煮豆に使われる皮が緑色の大豆。納豆にもできるが、収穫量が少ない。

\知りたい！/ 発酵まめちしき

納豆の容器のうつりかわり

現在店で売られている納豆は、発泡スチロールの容器に入っているものがほとんどですが、江戸時代には、納豆売りがざるに入れた納豆をかついで町の中を売り歩き、必要な分だけをはかって売っていました。また、いなわらのかわりに、木材を紙のようにうすくけずった経木もよく使われていました。

うすくけずった木材（経木）につつまれた納豆

発泡スチロールの容器に入った納豆

見学しよう！

納豆工場
（タカノフーズ水戸工場）

納豆ができるまで

1 大豆をえらぶ

納豆に使う大豆をえらび、大きさごとに分ける。

つぶの大きさがそろっているといい納豆になるんだ。

2 大豆をあらう

流水できれいにあらう。

3 大豆を水にひたす

大豆を20時間ほど水にひたすと、約2倍の大きさにふくれる。

大豆に水がしみこむと、蒸したときにしんまでやわらかくなる。

④ 大豆を蒸す・納豆菌をかける

> 蒸すことで、殺菌効果もある。

> 蒸したての豆にスプレーで納豆菌をかける。

大豆を大きなかまで蒸しあげたあと、納豆菌をかける。

> 納豆菌はいねなどのかれた草にいるんだよ。

⑤ 容器に入れる

蒸した豆を容器に入れる。たれ・からしもいっしょに入れる。高速で動く機械で1分間に約200こものパックづめができる。

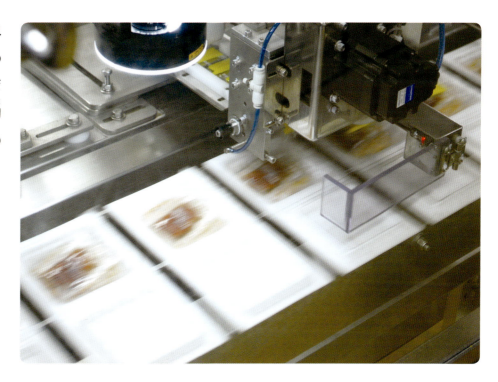

6 発酵・熟成

発酵室に入れて18～20時間発酵させる。そのあと冷蔵庫に入れて熟成させる。

発酵室の温度が約45度、湿度が90％以上になると、納豆菌が活発になるよ。

❓ おいしい納豆をつくるひけつは何ですか？

納豆工場ではたらく
桜井雅実さん

納豆をつくるときは蒸した豆を熱いうちに発酵室に入れます。そうすることで、納豆菌がよい状態ではたらきます。また、発酵室の温度や湿度を調整して納豆菌がふえやすい環境をつくることも大切です。

じつは、納豆菌は2000種類以上あって、それぞれがつくりだすうまみやかおり、糸引きぐあいなどがちがいます。いろいろな納豆を食べてみて、自分のこのみの納豆を見つけて下さい。

7 製品化

できあがった製品をぬきとり、品質に問題がないかチェックをする。

ラベルをかけ出荷。

8 完成

おいしい納豆のできあがり!

保存のポイント!

納豆は常温で保存すると、発酵がすすんでにおいが強くなるので、冷蔵庫に入れて賞味期限内に食べましょう。冷凍庫で保存でき、食べる前に冷蔵庫にうつして解凍してもよいです。

見学情報

タカノフーズ納豆工場(水戸工場)

- [住　所] 〒311-3411　茨城県小美玉市野田1542
- [電話番号] 0120-58-7010
- [見学時間] 10:00〜／13:30〜
- [料　金] 無料
- [申しこみ方法] 電話予約

URL: http://www.takanofoods.co.jp/fun/factory/

となりにある「納豆博物館」で、家庭での納豆づくりも学べるよ。

世界一かたい食べもの？かつおぶし

かつおぶしがカチカチになるわけ

みなさんは、かつおぶしと聞いて、どんな形を思いうかべますか？ 木の皮をうすくけずったようなものが頭にうかぶかもしれません。じつは、これは「けずりぶし」といい、かつおぶしをけずったものなのです。

かつおぶしは、魚のカツオをいぶし、表面にカビをつけて、かんそうさせ、カビをみがき落とすという作業を、何度もくりかえしてつくります。すると、だんだんとカツオの水分がぬけてかたくなるとともに、くさりにくくなり、長く保存できるようになります。

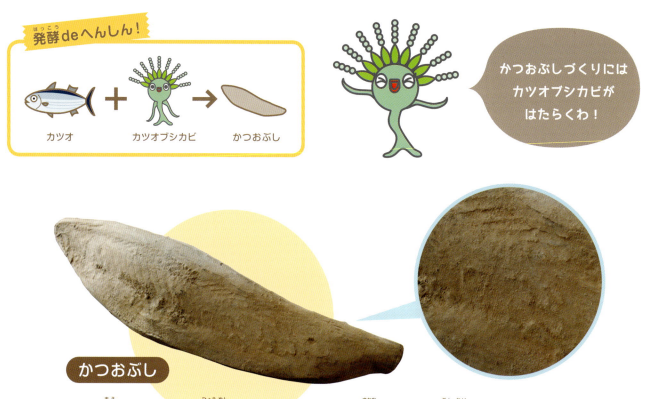

発酵deへんしん！

カツオ ＋ カツオブシカビ → かつおぶし

かつおぶしづくりにはカツオブシカビがはたらくわ！

かつおぶし

けずる前のかつおぶし。表面にびっしりついたカビが魚のあぶらを分解、うま味をつくりだすとともに、魚のくさみを取りのぞきよいかおりをつくる。

本かれぶしとあらぶし

かつおぶしは、そのまま食べるほかにも「だし」としても使われます。だしとはコンブやかつおぶしを煮だしてつくる、和食にはかかせないうまみのある汁のことです。

かんそうとカビつけをくりかえしてつくったかつおぶしは「本かれぶし」とよばれます。このかつおぶしからとれるだしを使うと、かおりがよく、非常に上品な味に仕上がるといわれています。

また、「あらぶし」とよばれるカツオをいぶし、発酵させずにつくるかつおぶしは、けずりぶしとして広く販売されています。

かつおぶしの種類

本かれぶし
カビをつけて発酵させたかつおぶし。家庭で保存するときはラップをまいて冷蔵庫に入れる。

あらぶし
けずりぶしや粉末のだしの原料に使われることが多い。

けずりぶし
うすくけずったかつおぶし。小分けのふくろに入って売られていることが多い。

かつおぶしけずりき
本かれぶしをけずるための大工さんの使うかんなのような道具。

\知りたい！/ 発酵まめちしき

かつおぶしの起源は、300年前の土佐国

かつおぶしの先祖は、魚を日に干してつくった食べもので、奈良時代から食べられていました。やがて、カツオをけむりでいぶしてから日にほすようになり、さらに、カビつけしてつくる方法が考えだされました。これは、カツオがたくさんとれた土佐国（今の高知県）で、300年ほど前に生まれた方法だといわれています。それを「カツオいぶし」とよんでいたことから「かつおぶし」という名前がつけられました。

カツオをさばく土佐の職人
出典：「土佐國職人絵歌合」

見学しよう！ かつおぶし工場 （山七団地工場）

かつおぶしができるまで

1 生切り

カツオは鮮度をたもつため冷凍して運ばれてくる。カツオの頭を落としたあと、内臓やせなかの皮などを取ってさばく（生切り）。

> 生切り前に、冷凍のカツオを水に丸1日つけて解凍するよ。

2 カツオを煮る

80〜93度のお湯で、1時間半から1時間45分ほど煮る。

> 煮るとカツオのうまみがぎゅっととじこめられて、くさるのもふせげるんだって。

３ ほねをとりのぞく

カツオを水にうかべ、トゲヌキを使ってすべてのほねを取りのぞく。

職人さんがていねいにほねを取ってゆくよ。

４ 水切り・殺菌

20分ほど蒸して殺菌する。

５ 形を整える

カツオをペースト状にしたものを④のカツオの表面にぬって、形を整える。

こうすることで、形のよい本かれぶしができるんだ。

6 いぶしてかんそうさせる

形を整えたかつおぶしの水分をぬくため、けむりでいぶす。火からおろしてかんそうさせたあと、また火にかけていぶすという作業を何度もくりかえす。

休ませているあいだに、かつおぶしの中の水分が外に出てくるんだよ。

7 表面けずり・カビつけ

かんそうしたかつおぶしの表面をけずったあと、カビをつける。

カビをつけることで、だんだん水分がぬけてゆくんだ。

❓ おいしいかつおぶしをつくるひけつは何ですか？

かつおぶし工場社長
鈴木隆さん

　かつおぶしは正しいつくりかたで、じっくりていねいにつくりあげていくほどおいしいものができます。カツオにカビをつけるのはむずかしい作業ですが、部屋の湿度や温度をきちんと管理することで、まんべんなくカビを生やすことができ、よいかつおぶしになります。
　かつおぶしにはうまみがぎゅっとつまっています。けずりたてのかつおぶしはとくにおいしいので、ぜひ食べてみて下さい。

8 天日干し

天気のよい日に天日干しをする。

9 完成

カビつけしたあと天日干しを3回以上行うと、かつおぶしの完成!

> 生切りから完成まで半年ほどかかる。

> 本かれぶしの重さは生の切り身の6分の1になるよ。

保存のポイント!
かつおぶしは直射日光のあたらない、すずしいところで保存しましょう。とくにけずりぶしは、開封後はしっかり封をして、冷蔵庫に入れましょう。

見学情報

山七(団地工場)

[住　　所] 〒425-0052　静岡県焼津市田尻2212-12
[電話番号] 054-656-1777
[見学時間] 9:00〜15:00(月曜日〜金曜日)
[料　　金] 無料
[申しこみ方法] 電話予約
URL: http://yama7.jp/contents/k_jigyou_d.html

> 職人さんたちの技を見せてもらえるよ。

こんなにちがう！チーズの味

山をこえるとチーズの味がかわる

　スーパーマーケットなどではたくさんのチーズがならんでいますが、どれくらい種類があるか、知っていますか？　じつは、世界には、千種類以上のチーズがあるといわれています。ヨーロッパでは、とくに種類が多く、山をこえてとなりの村へ行くと、チーズの味がかわるといわれるほどです。100年ほど前までは各家庭でチーズがつくられていたヨーロッパでは、今もその伝統がつたわり、チーズづくりがさかんに行われているのです。

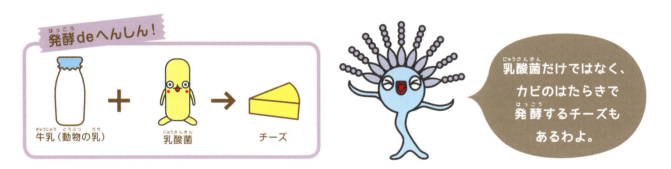

乳酸菌だけではなく、カビのはたらきで発酵するチーズもあるわよ。

伝統的なチーズのつくりかた

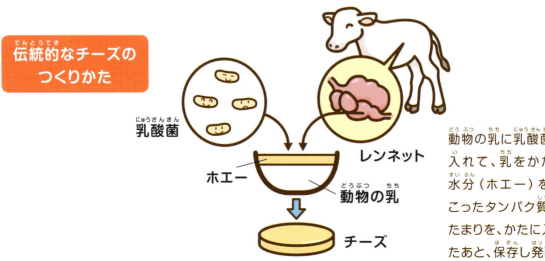

動物の乳に乳酸菌とレンネット*を入れて、乳をかためる。その後、水分（ホエー）を取りのぞき、のこったタンパク質や脂肪などのかたまりを、かたに入れて塩をくわえたあと、保存し発酵・熟成させる。

＊レンネット：乳をかためるはたらきがある成分。昔は子牛のいぶくろから取りだしていた。今は微生物の力でつくられたものも利用されている。

さまざまなチーズのタイプ

　チーズは、ウシやヤギ、ヒツジ、ラクダ、ロバやトナカイなど、さまざまな動物の乳からつくります。動物の種類や食べているえさによって乳の味や成分がちがっているため、できるチーズの味もかわります。

　たくさんの種類があるチーズは、つくり方によって、プロセスチーズとナチュラルチーズに分けられます。さらに、ナチュラルチーズは大きく7つに分類されます。

チーズの種類

プロセスチーズ

ナチュラルチーズを熱でとかしてふたたびかためてつくる。加工しやすく長く保存できる。

ナチュラルチーズ

フレッシュタイプ

モッツァレラチーズ

熟成させないため水分が多いチーズ。まるくちぎって形づくるモッツァレラチーズなどがある。

白カビタイプ

カマンベールチーズ

白カビを使って熟成させるやわらかいチーズ。チーズの女王ともいわれるカマンベールチーズが有名。

青カビタイプ

ゴルゴンゾーラチーズ

青カビで熟成させるやわらかいチーズ。写真のゴルゴンゾーラチーズはパスタやドレッシングなど多くの料理に使われる。

シェーブルタイプ

ヴァランセ

ヤギの乳を使ったやわらかいチーズ。写真のヴァランセは表面にまぶしてある灰がどくとくの酸味をやわらげている。

ウォッシュタイプ

エポワス

熟成のときに水や酒で表面をあらう、やわらかく濃厚な味のチーズ。エポワスがよく知られている。

セミハードタイプ

ゴーダチーズ

4か月から半年ほど熟成させる、ややかたいチーズ。写真のゴーダチーズはオランダを代表するチーズ。

ハードタイプ

エメンタール

1年以上かけて熟成させるかたいチーズ。写真のエメンタールはスイスの代表的なチーズ。

見学しよう！ チーズ工房 （チーズ工房IKAGAWA）

モッツァレラチーズができるまで

1 殺菌

コンロの火とお湯が流れるホースで牛乳をあたためる。

牛乳を63度くらいの温度にして30分ほど殺菌する。

2 ひやす

ひやすためのホース

殺菌をおえたら水が流れるホースをなべに入れ42度くらいまでひやす。

3 乳酸菌を入れる

乳酸菌をふやして取りだしたもの

1Lの牛乳に対して0.02gの乳酸菌を入れる。

4 レンネットを入れる

レンネットは牛のいぶくろからとれる物質だよ。

牛乳をかためるためにレンネットを入れる。

5 切りわける

乳酸菌とレンネットのはたらきでかたまった牛乳を、金あみを使って切りわける。

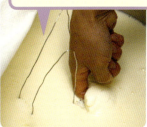

指でさわるとかたまりがわれ、中から液体がしみだすようになったら、切りわけるタイミングだよ。

6 まぜる・湯せん

なべをかきまぜたあと、湯せんにかけて42度にたもち、1時間ほどおく。

7 ホエーぬき

ホエーとよばれる液体をとりのぞくと、カードとよばれるチーズのもとだけがのこる。

ホエー

カード

8 のびチェック

カードをひっぱってのびぐあいをチェック。また、食べてみて味と食感をたしかめる。

9 カットする

カードをほうちょうでこまかく切る。

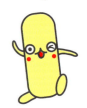

こうするとお湯に入れたときに全体が同じようにあたたまるんだって。

? おいしいチーズをつくるひけつは何ですか？

チーズ工房ではたらく
五十川充博さん

まずは、ウシによい草を食べさせて健康でいてもらうことです。元気なウシからよい牛乳がしぼれれば、そのチーズもおいしくなります。

また、乳酸菌のとくちょうをよく知って、菌がはたらきやすい環境を整えることも大切です。

チーズづくりでは温度やタイミングがちょっとちがうだけで、味や食感がかわってきてしまいます。そのため、チーズのようすをよく観察しながら、ひとつひとつの作業をていねいに行うようにしています。

10 湯ごね

表面がつるんとなってくるよ。

塩を入れた85度のお湯の中で、木べらと手でカードをこねる。

11 形を整えひやす

こぶしくらいの大きさに形を整え、10分ほど冷水につける。

12 完成

モッツァレラチーズのできあがり!

保存のポイント!

モッツァレラチーズは新鮮なうちに食べるのがいちばんですが、2〜3日なら冷蔵庫で保存できます。それ以上保存する場合はラップにくるんで冷凍庫に入れましょう。

見学情報

チーズ工房IKAGAWA

[住　　所] 〒298-0025　千葉県いすみ市山田6623
[電話番号] 0470-66-0825
[見学時間] 9:00〜16:00
[料　　金] カッテージチーズの場合2500円(5人まで)
[申しこみ方法] 電話予約
URL: http://www.cheese-ikagawafarm.com

カッテージチーズ

カッテージチーズのつくり方を教えてもらえるよ。

※モッツァレラチーズづくりは、取材のために特別に見せていただいたもので、ふだんの見学は行っていません。

料理に大かつやく！ 日本酒・酢

料理に使われる日本酒

　日本酒は大人の飲みものですから、みなさんは飲んだことがないはずです。では、日本酒がいろいろな和食の味つけに使われていることは知っていましたか？　料理に日本酒を使うと、肉や魚のくさみを消したり、食材をやわらかく仕上げたり、うまみがましたりと、いろいろな効果があります。つまり、日本酒は、和食にかかせない重要な調味料でもあるのです。

※日本酒の発酵にはコウジカビも関係しています。

加熱するとお酒に入っているアルコールが蒸発するから、子どもが食べても心配はいらないよ。

酢のはじまり

　日本酒づくりでは、火入れとよばれる熱をくわえて発酵をとめる作業がありますが、この作業をしないと発酵がすすみ、やがて日本酒はすっぱくなっていきます。ワインも同じように熱をくわえずに放っておくと、酢になります。じつは、酢は酒（アルコール）に酢酸菌という微生物を入れることでつくられるのです。

　米とこうじと水と酢酸菌でつくった酢は「米酢」とよばれ、材料にくだものを使う酢は「果実酢」といいます。また、米や麦、トウモロコシなどを原料とした「穀物酢」も多くつくられています。

日本酒ができるまで

1. 米をあらって水にひたす。

2. 1の米を蒸す。

3. 蒸した米にたねこうじをまぜて、米こうじをつくる。

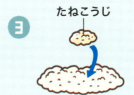
4. べつに蒸した米と3の米こうじと水をまぜ、酒母という酵母のかたまりもくわえる。

5. 4にこうじと蒸した米、水を3回にわけてくわえ、「もろみ」をつくり発酵させる。

6. 発酵が終わったら、酒と酒かすにわける。

7. 酒を60度以上にあたためる（火入れ）。火入れがすんだら、貯蔵する。

8. 日本酒の完成！

酢ができるまで

1. 日本酒にたね酢（酢酸菌がふくまれる酢のもと）をまぜて加熱する。

2. 発酵がおこり、酒が酢にかわる。そのあと熟成させて味を整える。

3. できた酢をろ過したあと、殺菌する。

4. びんにつめて完成！

知りたい！ 発酵まめちしき

みりんは酒のなかま

みりんは調味料ですが、アルコールをふくんでいる酒の一種です。日本酒よりもアルコール分が多く、あまい味がするので、1600年ごろの書物には「あまくてめずらしい酒」として飲まれていた記録があります。

みりんをつくるときには、蒸したもち米と米こうじにしょうちゅうをくわえて仕こみます。その後1〜2か月間熟成させたあと、圧力をかけてしぼるとみりんができます。

アルコールを14％ほどふくんだみりんを本みりんという。

大人の飲みもの、ワインとビール

ブドウからできるワイン

ワインは、ビールとともに、もっとも古くから飲まれていた酒です。つぶしたブドウをそのままおいておくと、皮についていた酵母がはたらいて、発酵がはじまり、おいしいワインができます。

ワインには白いワインと赤いワインがありますが、これは原料になるブドウの種類とつくりかたのちがいによるものです。

発酵deへんしん！

ブドウ ＋ 酵母 → ワイン

ワインはブドウジュースとちがい発酵しているんだよ！

赤ワインと白ワイン

果実の色が赤や黒のブドウを使う。皮やたねもいっしょに発酵させる。　**赤ワイン**

果実の色が緑や赤のブドウを使う。発酵の前にブドウの皮やたねを取りのぞく。　**白ワイン**

麦とホップでつくられるビール

　コップに注ぐと、白いあわが出る酒、ビール。このあわは、発酵のときに酵母がつくった二酸化炭素です。大人はおいしそうに飲んでいるかもしれませんが、じつは、けっこう苦い味がします。この苦みは、ビールの原料のホップの味です。

　ビールは麦とホップ、水をおもな原料にして、酵母の発酵パワーを使ってつくる酒です。そのはじまりは、現在のイラクあたりにさかえたメソポタミア文明で、5500年ほど前からつくられていたといわれています。その後、エジプトやヨーロッパにつたわり、ヨーロッパでは、キリスト教の修道院でビールがつくられ、薬のかわりに飲まれていたこともあります。

発酵deへんしん！

麦 ＋ ホップ ＋ 水 ＋ 酵母 → ビール

ホップは植物の名前だよ。ビールづくりにはこの雌株の花が使われるんだ。

ホップ（雌花の集まり）

ビール

\知りたい！/ 発酵まめちしき

古代エジプトのビールは、お金のかわり

　古代エジプトでは、ビールがさかんにつくられていました。その様子は、王様のおはかにある壁画にもえがかれています。当時は、お金のかわりにビールが王様におさめられ、神や死者へのささげものとしてもそなえられました。

　また、ピラミッドの建設現場ではたらく労働者には、お金のかわりにパンとビールが配られ、人々は水のかわりにビールを飲んで、のどのかわきをいやしていました。

古代エジプトのビールづくりのようすがえがかれた壁画

昔の知恵とおいしさがつまった発酵食品

　この巻ではみなさんといっしょに、たくさんの発酵食品工場を見てみましたね。現在多くのお店にならんでいる発酵食品は、昔は家庭でつくられていることも多かったのですが、今では大量生産が可能になり、コンビニエンスストアでも買えるようになりました。それは、職人さんたちや工場ではたらく人たちが、発酵の力をいかしながら、ていねいにその製法を守りつづけているからなのです。みなさんももし機会があれば、ぜひ発酵食品の工場をおとずれてみてください。

　さいごに、この本でたくさんの発酵食品をつくってきた微生物たちから、おさらいをしてもらいましょう。

乳酸菌がつくる発酵食品

ぼくのなかまは、ウシやヤギなどの動物のお乳を発酵させてチーズをつくるよ。サラダに入れたり、パンにのせたり、とかしてやさいにつけたり、種類に合わせていろんな食べ方を楽しんでね。

チーズ

※チーズの発酵には白カビや青カビなどのカビが関係するものもあります。

納豆

納豆菌がつくる発酵食品

ぼくがつくりだす納豆は煮豆といなわらの出会いがきっかけだよ。納豆菌のすみかでもあるいなわらは、昔はしきものや、かさやみの、米を運ぶ俵など、日用品にたくさん使われていたんだよ。

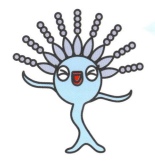

コウジカビがつくる発酵食品

わたしは、米や麦、豆などに植えられて「こうじ」をつくるの。「こうじ」はみそやしょうゆをつくるときはもちろん、日本酒や米酢の原料にもなっているのよ。

しょうゆ　みそ

※しょうゆ、みその発酵には、乳酸菌や酵母も関係しています。

カツオブシカビがつくるかつおぶし

カツオブシカビはカツオの水分をすいとって、やわらかいカツオの身を金属みたいにカチカチにするのよ。発酵の力ってすごいわ。

かつおぶし

酵母がつくる発酵食品

おいらは日本酒やワイン、ビールなどのアルコールや、料理に使う、みりんや酢をつくるときにもはたらくんだ。

※日本酒、みりん、酢の発酵にはコウジカビも関係しています。
※酢の発酵には酢酸菌も関係しています。

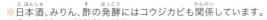

酒　みりん　酢　ワイン　ビール

さらなる発酵のふしぎにせまる!

次の巻の『もっと知ろう! 発酵のちから』では、発酵食品のとくちょうや歴史とともに、微生物のはたらきについても、くわしく紹介するよ!

さくいん

ア行
- 青カビ ……………………………… 35, 44
- 青カビタイプ ……………………… 35
- 赤みそ ……………………………… 9
- 赤ワイン …………………………… 42
- アジア ……………………………… 11
- あま酒 ……………………………… 7
- アミノ酸 …………………………… 22
- あらぶし …………………………… 29
- アルコール ………………… 40, 41, 45
- いなわら納豆 ……………………… 22
- イラク ……………………………… 43
- ウォッシュタイプ ………………… 35
- うす口しょうゆ …………………… 17
- エジプト …………………………… 43
- 越後みそ …………………………… 10
- 江戸甘みそ ………………………… 10
- 江戸時代 …………………………… 23
- 大つぶ納豆 ………………………… 23

カ行
- カード ……………………… 37, 38, 39
- かくし味 …………………………… 16
- 果実酢 ……………………………… 40
- カツオ …………… 28, 29, 30, 31, 32, 45
- かつおぶし …… 3, 7, 28, 29, 30, 32, 33, 45
- カツオブシカビ ………………… 3, 28, 45
- かつおぶしけずりき ……………… 29
- カビ ……………… 3, 28, 29, 32, 33, 34, 44
- 鎌倉時代 …………………………… 9
- 韓国 ………………………………… 11
- 韓国料理 …………………………… 11
- 関西白みそ ………………………… 10
- 九州麦みそ ………………………… 10
- 牛乳 ………………………… 34, 36, 38
- 経木 ………………………………… 23
- 郷土料理 …………………………… 10

サ行
- 菌 ……………………………… 3, 12, 38
- けずりぶし ………………………… 28, 29
- こい口しょうゆ …………………… 17
- こうじ …………… 8, 9, 11, 14, 17, 20, 41, 45
- コウジカビ ……… 3, 8, 13, 17, 18, 19, 40, 45
- 酵母 …………… 3, 8, 17, 19, 40, 42, 43, 45
- 穀物酢 ……………………………… 40
- 古代エジプト ……………………… 43
- 古代中国 …………………………… 11
- コチュジャン ……………………… 11
- 小つぶ納豆 ………………………… 23
- 小麦 ………………………… 11, 17, 18, 19
- 米 …………………… 8, 40, 41, 44, 45
- 米こうじ …………………………… 8, 41
- 米酢 ………………………………… 40, 45
- 米みそ ……………………………… 8, 10
- 再しこみしょうゆ（かんろしょうゆ）…… 17
- 酢酸菌 ……………………………… 40, 41, 45
- 酒 ………………………… 35, 40, 41, 42, 43
- 酒かす ……………………………… 41
- 酒母 ………………………………… 41
- シェーブルタイプ ………………… 35
- 脂肪 ………………………………… 34
- 熟成 ……………… 9, 14, 19, 20, 26, 34, 35, 41
- 熟成期間 …………………………… 9
- しょうゆ …… 3, 6, 16, 17, 18, 19, 20, 21, 45
- しょうゆこうじ ……………… 18, 19, 20
- 白カビ ……………………………… 35, 44
- 白カビタイプ ……………………… 35
- 白しょうゆ ………………………… 17
- 白みそ ……………………………… 9
- 白ワイン …………………………… 42
- 信州みそ …………………………… 10, 11
- 酢 …………………………… 6, 40, 41, 45
- 製麹室 ……………………………… 18
- 瀬戸内麦みそ ……………………… 10
- セミハードタイプ ………………… 35

	戦国時代	11
	戦国大名	11
	仙台みそ	10, 11
	ソイソース	16
タ行	大豆	8, 9, 11, 12, 17, 18, 19, 22, 23, 24, 25
	武田信玄	11
	だし	29
	伊達政宗	11
	たねこうじ	41
	たね酢	41
	たまりしょうゆ	17
	淡色みそ	9
	タンパク質	19, 34
	チーズ	3, 6, 7, 34, 35, 36, 37, 38, 44
	乳	34, 35, 44
	中華料理	11, 16
	中国	9, 11
	調味料	6, 11, 16, 40, 41
	天日干し	33
	デンプン	19
	東海豆みそ（三河みそ、三州みそ、八丁みそ）	10, 12
	トウバンジャン	11
	土佐国	29
ナ行	ナタデココ	6
	ナチュラルチーズ	35
	納豆	3, 6, 7, 22, 23, 24, 26, 27, 44
	納豆菌	3, 22, 25, 26, 44
	生切り	30, 33
	生しょうゆ	20
	奈良時代	29
	日本酒	7, 40, 41, 45
	乳酸菌	3, 8, 17, 19, 34, 36, 37, 38, 44, 45
	乳製品	6
	ぬかづけ	6
ハ行	ハードタイプ	35
	発酵	3, 8, 9, 11, 14, 19, 22, 26, 27, 29, 34, 40, 41, 42, 43, 44, 45
	発酵室	26
	発酵食品	3, 6, 7, 44, 45
	パン	3, 6, 43, 44
	ビール	3, 7, 43, 45
	火入れ	20, 40, 41
	ひしお	11
	微生物	3, 22, 34, 40, 44, 45
	ひきわり納豆	23
	ブドウ	42
	フレッシュタイプ	35
	プロセスチーズ	35
	平安時代	9
	ホエー	34, 37
	北海道みそ	10
	ホップ	43
	本かれぶし	29, 31
マ行	豆	8, 23, 25, 26, 45
	豆こうじ	8, 13, 14
	豆みそ	8, 10, 15
	みそ	3, 6, 7, 8, 9, 10, 11, 12, 13, 14, 15, 45
	みそ汁	9
	みそ玉	12, 13
	みりん	6, 41, 45
	麦	8, 40, 43, 45
	麦こうじ	8
	麦みそ	8, 10
	むろ	13
	メソポタミア文明	43
	もろみ	19, 20, 41
ヤ行	洋食	16
	ヨーグルト	6
	ヨーロッパ	34, 43
ラ行	レンネット	34, 36, 37
ワ行	ワイン	3, 7, 40, 42, 45
	和食	9, 16, 29, 40

● **監修者**

小泉 武夫（こいずみ たけお）

東京農業大学名誉教授。農学博士。専門は、醸造学、発酵学、食文化論。
発酵と食文化についての深い見識をもち、研究のかたわら、執筆、講演、テレビ・ラジオ出演など多方面で活躍。
著書に、『発酵—ミクロの巨人たちの神秘—』（中央公論社）、『いのちをはぐくむ農と食』（岩波ジュニア新書）、『FT革命—発酵技術が人類を救う』（東洋経済新報社）、『食と日本人の知恵』（岩波現代文庫）など多数。

● **執筆**

中居 惠子

● **イラスト**

片庭 稔

● **キャラクター**

いとうみつる

● **撮 影**

中村 恭之（p.30-33）
海老沢 芳辰（p.26、p.36-39）

● **取材協力**

株式会社まるや八丁味噌（p.12-15）／キッコーマン株式会社（p.18-21）／
タカノフーズ株式会社（p.24-27）／株式会社山七（p.30-33）／
チーズ工房IKAGAWA（p.36-39）

● **写真提供**

AC／株式会社まるや八丁味噌／株式会社山七／キッコーマン株式会社／キリンビバレッジ株式会社／
小泉武夫マガジン／高知市／高知市民図書館／タカノフーズ株式会社／チーズ工房IKAGAWA／
PIXTA／フォトライブラリー／みそ健康づくり委員会／株式会社Mizkan／雪印メグミルク株式会社

● **編集・デザイン**

ジーグレイプ株式会社

● **参考文献**

舘博監修『図解でよくわかる 発酵のきほん』
誠文堂新光社、2015年

小泉武夫・金内誠・舘野真知子監修
『すべてがわかる！「発酵食品」事典』世界文化社、2013年

小泉武夫編著『発酵食品学』講談社、2012年

栗原堅三著『うま味って何だろう』岩波ジュニア新書、2012年

山村紳一郎著『顕微鏡で見るミクロの世界』
誠文堂新光社、2012年

小泉武夫監修
『おどろきの栄養パワー 発酵食品の大研究
みそ、しょうゆからパン、チーズまで』PHP研究所、2010年

農文協編『農家が教える 自由自在のパンづくり』
農山漁村文化協会、2010年

協和発酵工業（株）編
『トコトンやさしい発酵の本』日刊工業新聞社、2008年

小泉武夫著『菌が地球を救う！』宝島社新書、2007年

小泉武夫監修『日本の伝統食を科学する』（全3巻）
汐文社、2005–2006年

小崎道雄著『乳酸菌—健康をまもる発酵食品の秘密』
八坂書房、2002年

村尾澤夫・藤井ミチ子・荒井基夫共著
『くらしと微生物 改訂版』培風館、1993年

小泉武夫著『発酵—ミクロの巨人たちの神秘—』
中公新書、1989年

食べものが大へんしん！ 発酵のひみつ

行ってみよう！ 発酵食品工場

初 版	第1刷	2016年12月25日
	第2刷	2019年 4月15日

発 行　株式会社ほるぷ出版
　　　　〒101-0051 東京都千代田区神田神保町3-2-6
　　　　電話　03-6261-6691
発行人　中村宏平
印刷所　共同印刷株式会社
製本所　株式会社ハッコー製本

NDC596　270×210mm　48P
ISBN978-4-593-58754-4　Printed in Japan

落丁・乱丁本は、購入書店名を明記の上、小社営業部宛にお送りください。送料小社負担にて、お取り替えいたします。